AF236189

Sebastian Thiel

100-Meilen-Lauf Berlin 2015

Ich will doch nur durchkommen

Impressum

Bibliografische Information der Deutschen Nationalbibliothek:
Die Deutsche Nationalbibliothek verzeichnet diese Publikation in der Deutschen Nationalbibliografie; detaillierte bibliografische Daten sind im Internet über http://dnb.dnb.de abrufbar.

© 2021 Sebastian Thiel

Herstellung und Verlag: BoD – Books on Demand, Norderstedt

ISBN: 978-3-7543-5564-0

Inhaltsverzeichnis

100-Meilen-Lauf Berlin 2015

[...] Ich hatte mir als nächstes Zwischenziel gesetzt, den Abzweig vom Teltowkanal in Richtung Treptow nach 20 Stunden zu erreichen. Ich scheiterte gnadenlos. Seit dem letzten Verpflegungspunkt hatte ich wacker durchgehalten, nicht auf die Uhr zu schauen. Die Zeit vergeht ja ohnehin. Aber als ich dann sah, dass ich eine Viertelstunde später dran war als erhofft, war es so weit. Der Zeitpunkt, an dem man in sich hineinkriecht, war gekommen [...]

Prenzlauer Berg bis Hohen Neuendorf

Berlin, den 17. August 2015

Lieber B.!

Warum lernt man nicht immer aus Erfahrungen? Warum muss man manchmal die gleichen Dinge noch einmal tun?

Nach dem 100. Marathon im März hatte ich mir vorgenommen, in diesem Jahr an drei Ironman, einem 100-Kilometer-Lauf in Thüringen und zum zweiten Mal am 100-Meilen-Lauf auf dem Mauerweg teilzunehmen. Die drei Ironman waren gewissermaßen der Ausgleich dafür, dass ich auf einen Start bei einem Double- oder Triple-Ultra-Triathlon verzichtete, und so bestritt ich den ersten Anfang Juni in Hannover und den zweiten sechs Tage später in Moritzburg. Drei Wochen danach war ich über 100 Kilometer beim Thüringen-Ultra am Start und vier Wochen später beim Ironman in Glücksburg, dem Ostseeman. Dieser wiederum liegt nun also erst gut zwei Wochen zurück, was bedeutet, dass ich knapp 14 Tage Zeit hatte, um mich für den 100-Meilen-Lauf zu erholen.

Die körperliche und mentale Erholung war aber in diesem Jahr nicht nur durch die Fülle der Extremwettkämpfe innerhalb kurzer Zeit, sondern auch durch meine Arbeit erschwert. Ständig kämpfte ich um einen einigermaßen pünktlichen Feierabend und gegen sehr viel Ärger an. Hätte ich durch Anja und ihre Tochter nicht einen so großen Rückhalt im letzten Dreivierteljahr gefunden, hätte ich entweder auf den einen oder anderen Start verzichtet oder meine Kündigung auf den Tisch geknallt und gesagt, dass mich alle mal können...

So war ich also einigermaßen frei, als ich vorgestern früh mit Anja zusammen gegen halb sechs im Jahn-Sportpark zum Start des 100-Meilen-Laufes eintraf. Doch ich hatte den Streckenplan für Henrik, der mich die ersten knapp 100 Kilometer auf dem Fahrrad begleiten wollte, zu Hause liegen lassen und außerdem vergessen, mich mit Sonnencreme sowie die Füße mit Vaseline einzuschmieren. Meine Gedanken auf den ersten Kilometern: Wieso gehe ich so unvorsichtig solch eine Distanz an? Warum denke ich nicht an diese Kleinigkeiten? Ich bin erst einmal so weit gelaufen, habe erst an drei, vier Wettkämpfen teilgenommen, die eine ähnliche Dauer hatten, warum bin ich so fahrlässig? In der letzten Woche habe ich ausschlafen können und hatte sogar den gestrigen Tag ganz frei. Warum habe ich mir nicht eine halbe Stunde wirklich Zeit genommen, um mich auf den Lauf richtig vorzubereiten?

Schön war, dass der Start in den Jahn-Sportpark verlegt worden war, etwa neun Kilometer vom ehemaligen Startpunkt in Kreuzberg entfernt und damit quasi vor meine Haustür. Um vier Uhr standen Anja und ich auf, um fünf Uhr liefen wir von meiner Wohnung die gut eineinhalb Kilometer zum Start. Nach Henrik kamen überraschenderweise auch noch Rupert und seine Freundin dazu. Wir redeten und flachsten ein bisschen, aber nachdem ich bemerkt hatte, an was ich nicht gedacht hatte, war ich froh, als es kurz vor sechs Uhr war und ich gleich los laufen konnte.

Ich verabschiedete mich. Henrik würde ich als erstes wiedersehen, denn ab dem dritten Verpflegungspunkt und Kilometer 18 durfte er mich auf dem Fahrrad offiziell begleiten. Rupert und seine Freundin planten einen Ausflug nach Großglienicke und an den gleichnamigen See, wo ich hoffte, in siebeneinhalb Stunden zu sein. Dort war etwa Kilometer 65. Die letzten gut 60 Kilometer wollte mich dann Anja auf dem Fahrrad begleiten. Den Wechsel von ihr und Henrik hatten wir also bei meinen Eltern geplant, die wie vor zwei Jahren einen Verpflegungspunkt leiteten. Dieser lag dieses Mal bei Kilometer 97, und wenn alles gut gehen würde, sollten Anja und ich uns dort um 18 Uhr wiedersehen.

Es war ein etwas anderer Abschied als sonst. Bei allen drei Ironman in diesem Jahr war Anja mit dabei, in Moritzburg erst ab mittags, als ich die Hälfte des Radfahrens hinter mir hatte, aber bei den anderen beiden von Beginn an. Doch jedes Mal wusste sie, ich würde zwölf bis dreizehn Stunden später im Ziel sein, und wenn nichts Außergewöhnliches passierte, reichte, dass sie da war und wir uns sahen und kurz winken oder drücken konnten. Diesmal aber standen auch für sie 60 Kilometer Fahrrad fahren auf dem Programm, dem Plan nach von etwa achtzehn bis fünf Uhr in der Frühe. Auch sie war etwas angespannt.

Vor 15 Jahren, im Herbst 2000, war ich von Schöneberg in den Prenzlauer Berg gezogen. Das kleine Stadion im Jahn-Sportpark hatte ich schnell entdeckt und habe hier seitdem unzählige Runden gedreht. Aber ich war noch nie eine Runde in verkehrter Richtung gelaufen. So aber starteten wir und verließen das Stadion nach 300 Metern. Da sah ich noch einmal Anja, Henrik, Rupert und seine Freundin und winkte ihnen. Das ist immer ein besonderes

Gefühl, auch ein besonders schönes. Ich begebe mich auf eine Reise. Sie sind alle so nah bei mir, doch wissen sie nicht, welch ein Erlebnis diese 160 Kilometer zu Fuß sind und welche Erfahrungen man macht. Sie begleiten mich mit dem Fahrrad, und ich kann darüber reden und schreiben, trotzdem wird so ein Lauf immer ein Rätsel bleiben. Aber das ist er nicht nur für die Außenstehenden, sondern auch für mich selbst. Im Nachhinein weiß ich oft nicht, welche Motivation oder welcher Wille mich noch vorangetrieben haben, als jedes Körperteil schmerzte und die Müdigkeit immer größer wurde. Aber das Gute an Reisen ist, dass man sie nicht immer in dem Moment genießt, in dem sie geschehen, sondern von der Wirkung zehrt, die sie haben.

Hinter dem Jahn-Sportpark passierten wir die Max-Schmeling-Halle und bogen dann auf den Mauerweg ein. Nach wenigen Metern liefen wir am Gleimtunnel vorbei und die Schwedter Straße hoch, die seit nunmehr zehn Jahren Teil meiner Trainingsstrecke ist, wenn ich zum Humboldthain laufe. Vor zwei Jahren kamen wir nach elf Kilometern an meiner Straße vorbei, dieses Mal nach zwei. Leider war ich durch die Gedanken, an was ich vor dem Start nicht gedacht hatte, abgelenkt. Aber was nützte es? Ich war nun unterwegs, ich konnte nichts mehr ändern. Positiv denken hieß es von nun an.

Erst nach meiner ersten Teilnahme an diesem Lauf habe ich den Mauerweg auch hin und wieder als Trainingstrecke genutzt. Ich freute mich über den Abschnitt zur Wollankstraße hin, freute mich am Bürgerpark in Pankow vorbeizulaufen und auf die erste Verpflegungsstelle am

Bahnhof Wilhelmsruh nach knapp sieben Kilometern. Ich nahm nur zwei Becher Wasser und war schnell weiter unterwegs in Richtung Märkisches Viertel und Lübars. Bis hierhin war ich im Training maximal gelaufen, dann umgedreht und hatte zu Hause einen Halbmarathon in den Beinen.

Das Läuferfeld hatte sich auf den ersten zehn Kilometern schon auseinander gezogen, und ich befand mich auf dem Abschnitt in Richtung Märkisches Viertel hinter zwei Läufern, die sich über ihren gestrigen Tag in Berlin unterhielten. Ich erinnerte mich an den 100-Kilometer-Lauf in Thüringen.

Der Thüringen-Ultra, wie er offiziell heißt, ist ein Rundkurs mit mehr als 2.100 Höhenmetern. Start und Ziel sind in Fröttstädt, zwischen Eisenach und Gotha gelegen. Mich reizte es, eine große Runde über 100 Kilometer zu laufen. Auf die Höhenmeter hingegen war ich nicht erpicht, musste sie aber natürlich in Kauf nehmen. Vor drei Jahren hatte ich zum ersten Mal von diesem Lauf gehört und im Winter gedacht, dass er dieses Jahr gut in meinen Wettkampfplan passen würde. Von den Ironman in Hannover und in Moritzburg sollte ich mich erholt und mit ihnen eine Grundlage geschaffen haben. Danach, dachte ich, bleibt genügend Erholungszeit, um in Glücksburg beim Ironman und jetzt hier beim 100-Meilen-Lauf eine ordentliche Leistung abzurufen. Wenn man solche Pläne am Jahresanfang macht, weiß man natürlich noch nicht, dass es an diesem Tag 36 Grad im Schatten werden und dass auch das alljährliche Sommerloch auf der Arbeit ausfällt.

Ich erinnerte mich an den Thüringen-Ultra, weil dort wie jetzt beim 100-Meilen-Lauf auf den ersten Kilometern viel erzählt wurde. Ich erfuhr auf dem Weg zum ersten Verpflegungspunkt bei Kilometer 10 einiges über die Strecke, die vor uns lag. Vor allem blieb mir haften, dass nach Kilometer 60 ein langer Anstieg auf uns wartete und sich dort entscheiden würde, ob man sich den Lauf gut eingeteilt hatte. Von dem einen oder anderen hörte ich auch, dass er in den letzten Jahren nach zwölf bis dreizehn Stunden im Ziel gewesen war und wusste so, dass ich mich gut einsortiert hatte. Auf die normale 100-Kilometer-Zeit musste man wegen der Höhenmeter ein bis zwei Stunden raufrechnen, heute würde dann aber noch mal die Hitze einige Zeit kosten. Wie viel, das war die Frage, die keiner beantworten konnte.

In meinem Trott, den ich zwischen Kilometer 10 und 20 gefunden hatte, ließ ich das Erzählte der anderen Läufer Revue passieren. Ultraläufer unterscheiden sich nicht so sehr von Kneipengängern. Wer alleinstehend ist oder jemand, der regelmäßig Abstand von seiner Familie braucht, geht abends in die Kneipe, um Gleichgesinnte zu treffen. Oder aber er fährt an Wochenenden zu einem Ultralauf und trifft dort Gleichgesinnte. Man kennt sich hier wie in einer Kneipe, weil man sich regelmäßig trifft.

Du kannst ja selber urteilen, zu welcher Kategorie Du mich zählst. Aber ich finde, ich bin da eher ein Außenseiter. Klar, ich antworte, wenn ich angesprochen werde, oder unterhalte mich auch mal kurz. Aber gerade auf den ersten Kilometern und in den Morgenstunden laufe ich der Ruhe wegen und suche weder Abwechslung vom Alleinsein noch vom Familienleben, sondern ein bisschen das Abenteuer und immer wieder Freiheit, Freiheit, Freiheit.

Bis zum ersten Verpflegungspunkt trottete das Feld also noch ohne große Zeitabstände dahin. Ich erreichte Kilometer 10 nach gut einer Stunde. Dann folgte die erste Teilung. Die einen lassen es ruhiger angehen, trinken und essen ohne Eile; die anderen - so wie ich - laufen relativ schnell weiter. Dadurch hat man plötzlich auf jemanden, mit dem man eine Stunde gemeinsam gelaufen ist, zwei Minuten Vorsprung. Nach dem Verpflegungspunkt sieht das Läuferfeld um dich herum ganz anders aus als davor.

Nach dieser Einlaufphase beginnt dann der erste Hauptteil eines Ultralaufes. Nach eineinhalb Stunden hast du dich noch nicht besonders angestrengt und weißt auch, dass die nächsten eineinhalb Stunden noch nicht besonders anstrengend werden. Aber nach etwa 30 bis 40 Kilometern folgt der zweite Hauptteil, der entscheidende Teil des Laufes. Von da an fragst du dich, wie lange du noch aufrecht und in angemessenem Tempo vorwärts kommen wirst? Dieser Teil mag schwierig sein und ist für Außenstehende wahrscheinlich schon schwer vorstellbar. Noch entscheidender ist aber, dass du nicht nur damit klar kommen musst, dass dich deine Kräfte verlassen, sondern mit dieser völligen Kraft- und Energielosigkeit musst du dann auch noch 30 bis 40 Kilometer weiter laufen.

Allerdings fand ich - schon oft und gerade in Thüringen wieder - die ersten drei bis vier Stunden, den von mir gerade so genannten ersten Hauptteil, fast genauso schwierig. Denn hier musst du zunächst die Geduld aufbringen, in den Ultrabereich zu kommen. Da ich für nächstes Jahr und vielleicht weitere Jahre erstmal andere

Pläne habe, war ich froh, dass ich diese Geduld nicht mehr oft haben muss. So jedenfalls redete ich mir die ersten Kilometer schön.

Als ich die ersten 40 km in etwa fünf Stunden gelaufen war, befand ich mich dann also im zweiten Teil, und es ging mir trotz der Temperaturen, die um neun Uhr – wir waren um vier Uhr gestartet – bereits auf 30 Grad geklettert waren, erstaunlich gut. Ich freute mich, dass ich bald den Ort Kleinschmalkalden erreichen und dort nach circa 50 Kilometer meine Eltern sehen würde, die mich an diesem Tag begleiteten. Nach sechs bis sechseinhalb Stunden könnt Ihr mich dort erwarten, hatte ich ihnen gesagt, und nach 6:17 Stunden war ich dann wirklich da. Allerdings kam mir meine Mutter alleine auf dem Fahrrad entgegen, denn mein Vater hatte wegen der Hitze lieber das Auto genommen. Nun wussten auch sie nicht voneinander, wo genau der andere sich aufhielt. Aber dann rief mein Vater an, und uns blieben nur wenige Minuten, in denen meine Mutter mich von Anja grüßte. Dann musste sie abbiegen, um meinen Vater zu treffen. Wann wir uns wo wiedersehen würden, hatten wir nicht verabredet.

Da es mir aber noch gut ging, machte ich mir nicht allzu viele Gedanken. Nach 7:44 Stunden erreichte ich dann in Jobsstein den zehnten Verpflegungspunkt und Kilometer 59. Nun folgte der Abschnitt, vor dem ich gewarnt worden war. Und nicht nur, dass inzwischen die Temperatur auf 36 Grad im Schatten gestiegen war und es nur noch bergauf ging, ich verlor auch noch bei einem kurzen Stopp, weil ich einen Stein aus meinem Schuh herausholen wollte, meine Trinkflasche. Sie fiel aus meiner sich unterhalb des Rückens befindenden Hosentasche, als ich mich auf eine Bank gesetzt hatte. Ich bemerkte es nach einem halben Kilometer und drehte um. Lustig war schon, dass mir Läufer entgegen kamen, mit denen ich seit Stunden gemeinsam unterwegs war und fast jeder mich fragte, was los sei. Selbstverständlich hatte ich einen Moment gezögert umzudrehen, nachdem ich das Fehlen meiner Flasche bemerkt hatte. Noch ein paar Meter zusätzlich, und ich wusste ja auch nicht, wo ich sie wiederfinden würde. Aber nach sieben Minuten war ich an meiner Ausgangsstelle zurück und sehr dankbar, denn der Weg in Richtung des nächsten Verpflegungspunktes zog sich noch. Ich hatte meine Flasche nämlich dann mittlerweile leer getrunken und war seit der letzten Verpflegung seit einer Stunde unterwegs, als plötzlich meine Eltern an der Seite standen. Wie gut taten das Wasser, das sie mir reichten, und das feuchte Tuch, das ich mir um den Hals legen konnte. Doch trotz dieser Wohltaten war ich ab diesem Moment im finalen Teil eines Ultralaufes angekommen. Es war Mittag gegen dreizehn Uhr und unerträglich heiß. Aber ich befand mich noch mehr als 30 Kilometer vor dem Ziel. Willkommen bei einem Ultralauf! Nun musst du dich noch etliche Kilometer und Stunden durchbeißen.

Diese Stunden und Kilometer zogen sich, und von Minute zu Minute konnte ich meine Zielzeit nach hinten verschieben. Schließlich erreichte ich das Ziel in Fröttstädt nach 14:34 Stunden statt nach den erhofften 13. Aber ich lag im Mittelfeld auf Platz 108 von 192 Teilnehmern, und es war unglaublich, sich bei diesem Wetter und auf dieser Strecke durchgebissen zu haben.

Vorgestern war ich auf dem Weg in Richtung Lübars allerdings noch weit von dem zweiten oder gar vom finalen Teil eines Ultralaufes entfernt. Eine Weile war ich hier mit einem Läufer zusammen unterwegs, dessen Startnummer ich mir gemerkt habe. Von 340 gemeldeten Einzelläufern waren 300 an den Start gegangen. Dazu kamen einige Staffeln. Es erreichten jedoch nur 209 Einzelläufer das Ziel. Ich war über diese große Zahl an Aufgaben erstaunt. Es wurde tagsüber knapp über 30 Grad warm. Aber kann das der alleinige Grund sein, dass ein Drittel den Lauf nicht beendete? Der Läufer, mit dem ich zwischen Kilometer 10 und 20 unterwegs war, machte auf mich auch einen guten Eindruck. Er lief ruhig und schien konzentriert. Es gibt viele bei so einem Lauf, mit denen man eine Weile unterwegs ist, doch nicht oft weiß man dann, wer das war oder hat wenigstens die Startnummer gesehen. Bei ihm wusste ich es und sah in der Ergebnisliste, dass er nach 103 km aufgegeben hatte. Das sind diese Schicksale, die mich auch manchmal beschäftigen. Ich fühlte mich auf den ersten Kilometern lange nicht so gut, wie er im Gegensatz zu mir auf mich wirkte. Später, als ich mich noch viel, viel miserabler fühlte, hörte ich sogar ein paar Mal von Streckenposten oder Leuten an den Verpflegungspunkten, dass ich noch fit und frisch aussähe. Logen sie so gut oder machte ich wirklich den Eindruck? Vermutlich kann niemand von außen - egal ob selbst Läufer oder nicht - jemandem, der auf solchen Distanzen unterwegs ist, wirklich ansehen, ob dieser körperlich und mental tatsächlich in der Lage ist durchzukommen.

In der Nähe von Lübars kamen wir zum zweiten Verpflegungspunkt. Hier erreichte ich Kilometer 13 nach 1:20 Stunden. Aber einen exakten Zeitplan hatte ich dieses Mal nicht. Bei der Anmeldung vor einem Jahr dachte ich noch, den Lauf gerne in annähernd 20 Stunden beenden zu wollen. Jetzt aber hoffte ich nur, unter 24 Stunden zu bleiben und vielleicht in die Nähe meiner Zeit von vor zwei Jahren von 22:53 Stunden zu kommen. Durch die drei Ironman musste ich einfach Abstriche machen. Außerdem war es schwierig einzuschätzen, inwieweit das Wetter die Leistung beeinflussen würde. Du weißt, ich bin kein Hitzeläufer, auch wenn ich die 100 Kilometer in Thüringen eben auch bei 36 Grad bewältigt hatte.

Dann freute ich mich auf den dritten Verpflegungspunkt und darauf, dass mich ab dort Henrik begleiten würde. Wir liefen durch Glienicke und Hermsdorf in Richtung Frohnau. Ein paar Kilometer lang befanden wir uns auf der Bundesstraße 96 und erreichten dann den Verpflegungspunkt. Da alle Fahrradbegleiter angewiesen worden waren, erst ab hier mitzufahren, war ich schon erstaunt, dass nicht mehr viele zu sehen waren. Vor allem aber sah ich Henrik nicht. Ich hatte ihm gesagt, dass ich nach zwei Stunden, also gegen acht Uhr, hier sein wollte. Nun war es vier Minuten vor acht, als ich mich alleine auf den weiteren Weg machte.

Ich beschloss, entspannt zu bleiben. Meine erste Vermutung war, dass er auf unserer Strecke fuhr und mich somit einfach einholen musste. Wenn das nicht innerhalb der nächsten Viertelstunde geschehen würde, wollte ich ihn aber anrufen. Die Viertelstunde verging, und Henrik tauchte nicht auf. Ich haderte. Eine erzwungene Gehpause schon nach 20 Kilometern. Doch wir waren vom Veranstalter auch angewiesen worden, mindestens einen halben Liter Flüssigkeit mit uns zu führen. Sollte jemand mit weniger unterwegs sein, war eine Zwangspause angedroht worden oder sogar die Disqualifikation. Da ja Henrik eine größere Flasche mit sich tragen sollte, hatte ich vom Start an nur eine Flasche mit 200 Milliliter Wasser dabei. Ich wurde nervös, und plötzlich fiel mir auch noch ein, dass ja immer etwas mit den Kindern sein kann und Henrik nun noch zu Hause steht und gar nicht wegkommt. Also rief ich ihn an. Aber natürlich war er um Punkt acht Uhr am Verpflegungsstand gewesen und wartete dort noch.

Ich war erleichtert und lief befreiter weiter. Vor kurzem sprach mich mal ein Kollege an, weil er wiederum von anderen Kollegen gehört hatte, dass ich Marathonläufer sei. Zusammengefasst lautete seine Frage an mich: Wie macht man das, einen Marathon laufen?

Ich nehme an, er weiß bis heute nicht von den anderen Wettkämpfen, an denen ich teilnehme. Aber mir fiel das in diesem Zusammenhang ein. Man läuft einfach. All die Dinge, die einem durch den Kopf gehen, gehen einem durch den Kopf, während man läuft. Alles, was ich Dir heute schreibe, könnte ich Dir erzählen, während ich laufe. Es ist eine Beschäftigung wie essen, trinken und atmen. Aber selbstverständlich dauert es ein paar Jahre bis man dahin kommt. Im Winter hatte ich mir zum Beispiel mal nach einem Trainingslauf notiert, dass ich wie ein Automat gelaufen war. Hätte ich stehen bleiben wollen oder wegen einer roten Ampel stehen bleiben müssen, es hätte nicht funktioniert. Meine Beine liefen und schienen mir nicht zu gehorchen. Daher hatte mich eben auch die Gehpause, die ich noch nicht nötig gehabt hatte, gestört.

Nach 2:30 Stunden kam ich zum nächsten Verpflegungspunkt bei Kilometer 23. Am Fuße eines ehemaligen Grenzturms, der heute als Naturschutzturm dient, war er gelegen. Als ich diesen verließ, hatte Henrik mich eingeholt. Von nun an war ich gut versorgt. In die Seitentaschen seines Rucksacks packte ich zwei Getränkeflaschen, einmal Isostar und einmal Wasser. So konnte ich, während ich lief, einfach nach einer Flasche greifen. Denn nachdem es sich in der Nacht nicht besonders abgekühlt hatte und wir schon bei 20 Grad losgelaufen waren, war es inzwischen noch deutlich wärmer geworden.

Der nächste Zwischenhalt folgte nur knapp zwei Kilometer später. Ich habe Dir vor zwei Jahren berichtet, dass dieser Lauf immer einem Menschen gewidmet wird, der bei einem Fluchtversuch ums Leben gekommen ist. Diesmal stand der Lauf im Zeichen von Marienetta Jirkowsky, die 1980 als 18jährige erschossen worden war. Wir hatten mit der Startnummer ein Kärtchen bekommen, auf dem wir Gedanken notieren und dann an eine Tafel an ihrem Gedenkstein, der sich hier in Hohen Neuendorf befindet, heften konnten. Ich schrieb: „Ich finde bei so einem Lauf die Freiheit, nach der Du gesucht hast."

Gestern bei der Siegerehrung wurde ihre Geschichte erzählt. Sie wollte mit ihrem Verlobten und einem Freund fliehen. Die beiden Männer schafften es mittels einer Leiter, auf die Mauer zu klettern und auf die Westseite zu springen. Doch sie war zu klein und erreichte vom Ende der Leiter nicht die oberste Kante der Mauer. In dem Moment, als ihr Verlobter sie zu fassen bekam und über

20

die Mauer ziehen wollte, trafen sie die tödlichen Schüsse. Für mich sind diese Geschichten immer kaum vorstellbar, und weil ich sie mir kaum vorstellen kann, auch sehr beängstigend.

Hohen Neuendorf bis Zehlendorf

Die erste Zeit mit Henrik verging relativ schnell. Wir redeten über den Morgen und über unseren gemeinsamen Lauf beziehungsweise seine Fahrt hier in umgekehrter Richtung im November 2010. Nach 30 Kilometern waren wir beim fünften und nach 34 Kilometern am sechsten Verpflegungspunkt beim Ruderclub Oberhavel in Hennigsdorf angekommen. Hier war auch der erste Wechselpunkt für Staffeln und damit ein bisschen mehr los.

Doch ich wollte mich mal wieder nicht lange aufhalten. Im Grunde wäre es angesichts meines müden körperlichen Zustandes und wegen des sonnigen Wetters sinnvoll gewesen, schon früh ein sehr gemächliches Tempo anzustreben. Doch immer wieder denke ich, besser ich laufe so schnell wie möglich so weit wie möglich, um mich weniger Kilometer quälen zu müssen. Denn quälen musst du dich irgendwann ohnehin. Ob dieser Plan immer aufgeht? Ich weiß es nicht. Ob es mir dann später manchmal nicht ganz so schlecht gehen würde? Ich weiß es nicht.

Nach 39 Kilometern waren wir am Grenzturm Nieder Neuendorf angekommen, liefen am gleichnamigen See vorbei und sahen auf der anderen Uferseite Heiligensee und Konradshöhe. Etwa zum ersten Marathon verließen wir die Uferpromenade und bogen in Richtung Schönwalde und Staaken ab. Meine Zeit lag bei 4:49 Stunden.

Es ist ein Abschnitt des Mauerweges, der mir sehr gut gefällt. Er führt wellig durch kleine Nadelwälder und zwischen Feldern hindurch. Etwa bei Kilometer 50 ist man dann in Eiskeller, dem angeblich kältesten Ort Berlins. Heute waren aber hier knapp 30 Grad. Auch Henrik erinnerte sich, dass es ihm hier schon 2010 so gut gefallen hatte. Damals waren wir ja in umgekehrter Richtung von Wannsee nach Hennigsdorf unterwegs gewesen. Vor zwei Jahren hatte er mich dann von Lichtenrade bis nach Kreuzberg begleitet und mit dem heutigen Abschnitt bis Hennigsdorf hat er also inzwischen auch schon während meiner Läufe fast den gesamten Mauerweg mit dem Rad abgefahren.

Durch Staaken hindurch spürten wir dann erstmal wieder die Stadt. Das ist auch etwas Besonderes dieses Laufes. Eben noch läuft man eine Stunde in aller Ruhe und alleine vor sich hin. Plötzlich wieder begegnen einem Menschen auf ihrem Weg von A nach B, Menschen, die gerade ihr Auto parken und Einkäufe in ihre Häuser schleppen. Oder man trifft Leute, die einen Fahrradausflug machen und fragen, was für ein Lauf das sei. Du kannst Dir vorstellen, wie oft sie ungläubig stehen bleiben und Dir hinterher gucken, wenn du gesagt hast, dass wir 160 Kilometer rund ums westliche Berlin auf dem ehemaligen Grenzstreifen laufen.

Auf der Potsdamer Chaussee ging es dann weiter in Richtung Kladow. Ich hatte 60 Kilometer hinter mir, und wir näherten uns dem Groß Glienicker See, wo Rupert und seine Freundin den Tag verbrachten. Nach 7:30 Stunden hatte ich den elften Verpflegungspunkt bei Kilometer 63 erreicht, während Henrik Rupert anrief und sagte, dass wir gleich bei ihnen wären. Für mich war es der erste Moment, in dem mir bewusst wurde, dass dieser Tag noch sehr lang und anstrengend wird. Die Sonne machte mir mehr und mehr zu schaffen. Außerdem schmerzten das rechte Knie und die linke Hüfte. Es sind auch die Momente, in denen du weißt, dass diese Läufe nicht gesund sind. Die Euphorie, die einen trägt und die man vor allem im Ziel erwartet, lindert nicht immer jeden Schmerz unterwegs ausreichend.

Als ich Rupert endlich in einer Rechtskurve sah und dann bei ihm angekommen war, ging ich das erste Mal ein Stück, weil meine Beine mich nicht mehr weiter laufend tragen wollten. Vielleicht war es für ihn normal, dass ich ein Stück ging und wir uns so ein bisschen unterhalten konnten. Aber ich war sehr dankbar, dass ich eine Verschnaufpause einlegen konnte. Schön ist dann immer, Pläne zu machen. So verabredeten wir uns für Sonntagabend, und ein Ereignis war in Aussicht, nachdem dieser Lauf und alle Plackerei überstanden sind.

Nachdem ich mich verabschiedet hatte, erreichte ich in wechselnden Lauf- und Gehphasen Sacrow und dass gleichnamige Schloss. Vor zwei Jahren hatte hier die Streckenhälfte gelegen, dieses Mal waren wir hier nach 71 Kilometern. Es war der zweite Wechselpunkt für Staffeln und auch ein Punkt, an dem wir Einzelläufer Sachen lagern konnten. Neues Hemd, Hose, Schuhe etc. Aber ich hatte ja diese Möglichkeit bei meinen Eltern in knapp 26 Kilometern, wo ich in etwa dreieinviertel Stunden sein wollte.

Schon auf den letzten Kilometern in Richtung Sacrow war Wind aufgekommen, doch Regen ließ noch auf sich warten. Hinter Sacrow dann am Jungfernsee entlang schien der Wetterumschwung auszubleiben, und die Hitze setzte mir weiter zu. Ich verwendete jetzt meine Wasserflasche vermehrt, um mir den Kopf zu kühlen und verfluchte den Weg. Ein paar Mal sagte ich zu Henrik, dass hier der Weg verändert worden sei, denn ich konnte mich an diesen Abschnitt durch Wald nicht erinnern. Ich ging mehr, als ich lief und haderte das erste Mal, dass ich langsamer unterwegs war als vor zwei Jahren. Schon nach knapp der Hälfte des Rennens konnte ich das Tempo nicht halten, und teilweise war mir schummriger als es in Anbetracht der mehr als 80 Kilometer, die noch vor mir lagen, gut war.

Zum Glück übersteht man diese Phasen zum einen mit Erfahrung, zum anderen aber auch dadurch, dass mich auf den sechs Kilometern bis zum nächsten Verpflegungspunkt, für die ich 56 Minuten benötigte, nur zwei Läufer überholten. Vielen anderen ging es also nicht besser. Dazu kam dann noch, dass es doch eine Viertelstunde lang regnete. Es war die Abkühlung, die ich benötigt hatte.

Hinter dem Jungfernsee, schließen sich der Lehnitzsee und der Krampnitzsee an. Als wir diese drei Seen umrundet hatten, waren wir in Richtung Potsdam unterwegs. Henrik hatte zwischendurch Anja immer mal eine Nachricht geschrieben, und ich bat ihn, ihr jetzt mitzuteilen, dass ich mich um eine halbe Stunde verspäten würde. Außerdem wäre es gut, wenn sie oder meine Mutter eine Salbe für das Knie besorgen könnten. Aber dann dachte ich, was soll er sich die Finger wund tippen und rief Anja kurz entschlossen selbst an. Es tat gut, ihre Stimme zu hören und zu hören, dass sie in zehn Minuten an unserem Treffpunkt bei meinen Eltern sein würde. Bei mir dauerte es zwar noch circa zwei Stunden, aber die Aussicht war doch schon sehr nahe.

Nie gemocht hatte ich den Abschnitt von Neu Fahrland nach Potsdam. Ewige Kilometer auf dem Radweg neben einer Bundesstraße, so erschien es mir bei meinen anderen beiden Teilnahmen. Diesmal ging es mir hier aber gut, einem anderen Teilnehmer jedoch nicht. Stundenlang waren wir immer in geringem Abstand zueinander gelaufen. Auch er hatte einen Begleiter auf einem Fahrrad dabei. Doch nun stand er auf dem schmalen Grünstreifen zwischen Bundesstraße und Fahrradweg und übergab sich, was das Zeug hielt. Sein Begleiter stand ratlos daneben. Wieder eines dieser Schicksale, welches man bei solch einem Lauf erfährt. Das letzte, was wir von den beiden mitbekamen, war, dass sein Begleiter auf dem Rad an uns vorbeistürmte, als wir kurz vor dem vierzehnten Verpflegungspunkt der Brauhaus Meierei vor den Toren des Neuen Gartens waren. Aber hier hielt ich mich nicht lange auf, denn zu sehr zog mich der übernächste Verpflegungspunkt, der meiner Eltern, an.

Es gibt viele faszinierende Orte auf dieser Strecke, viele Abschnitte, die einen besonderen Anblick bieten. Einer ist für mich der Anblick der Glienicker Brücke. Links neben uns die Havel, gerade vor uns die Brücke, die wir dann von Ost in Richtung West entlang liefen. Kurz dahinter ging es rechts ab nach Babelsberg und in den Ortsteil Griebnitzsee.

Die Sonne war wieder hervorgekommen, und jetzt gegen siebzehn Uhr war es bestimmt auch noch immer über 25 Grad warm. Ich hatte Henrik schon ein paar Mal gesagt, dass ein Wassereis die perfekte Verpflegung bei diesem Wetter wäre, und hier nun bekamen wir eins. Ein Pärchen verkaufte aus seinem Garten heraus selbst gemachte Säfte, Snacks und Eis. Neben Spaziergängern profitierten sie heute also auch von uns Mauerläufern, jedenfalls von mir.

Das Eis genoss ich im Gehen, dann ging es entlang der Babelsberger Villen zur Gedenkstätte Griebnitzsee. Auf der anderen Uferseite, wie Du weißt, führt meine liebste Laufstrecke von meinen Eltern aus entlang. Nach 11:24 Stunden erreichte ich die Gedenkstätte. Nun waren es noch sieben Kilometer bis zu meinen Eltern, zu Verwandten und Bekannten, die dort waren, und bis zu Anja.

In Kohlhasenbrück, wo wir auf den Königsweg einbogen, sagte ich zu Henrik, dass er sich nun auf seinen letzten sechs Kilometern befand. Auch danach nannte ich ihm jeden Kilometer und genoss „meinen" Weg. Vor zwei Jahren war ich so enttäuscht, dass ich hier meinen ersten größeren Einbruch erlebt hatte. Diesmal konnte ich den Abschnitt in Anbetracht der 90 Kilometer, die ich in den Beinen hatte, gut durchlaufen. Durch die Kuhle vier Kilometer vor unserem Haus ging ich zwar, aber dahinter ist dann schon die Dreilindenbrücke zu sehen, und ich strebte ihr entgegen. Im Nieselregen, der eingesetzt hatte, überquerte ich die Brücke und bat Henrik, ein Foto zu machen. Kurz dahinter überholte uns ein Läufer und fragte, ob wir wissen würden, wie weit der nächste Verpflegungspunkt noch entfernt sei. Genau 1,6 Kilometer, sagte ich, und sicherlich wunderte er sich etwas über diese genaue Angabe. Aber als ich bei meinen Eltern ankam und dort so viele Leute begrüßte, stand er daneben und konnte wohl erahnen, dass ich mich hier auskennen musste.

Einen Kilometer vor unserem Haus verlässt man den asphaltierten Königsweg und läuft parallel zum Waldfriedhof Zehlendorf. Nach 400 Metern geht es dann hinab zu einem Pferdestall, und hier gab ich Henrik die Hand und bedankte mich. Uns beiden wird bestimmt wieder einiges haften bleiben. Einige andere Radbegleiter hatten immer mal wieder mit ihm geplaudert, aber auch Läufer hatten ihm erzählt, wo sie herkamen oder wie sie sich gerade fühlten. Außerdem hatten natürlich auch wir zehn Stunden Zeit gehabt zum Reden. So viel Zeit bleibt uns im Alltag manchmal nicht innerhalb eines Monats.

Dann war ich unten am Pferdestall und hatte die letzten 400 Meter zu unserem Haus, die leicht ansteigen, vor mir. Es dauerte noch etwa 100 Meter, bis ich Anja erkannte. Dann winkte ich, und sie winkte zurück. Noch zwei Minuten und dann fiel ich ihr in die Arme. Da war ich, immerhin nur knapp 20 Minuten später als geplant. Danach begrüßte ich meine Mutter, meinen Vater, Rupert und seine Freundin, die inzwischen auch hierher gekommen waren, zwei entfernte Cousinen, die zu Besuch waren, und einige Nachbarn und Freunde meiner Eltern.

Ich zog mich um, aß und trank. Ich hätte ewig sitzen bleiben können, doch ich war ja noch lange nicht am Ziel. Anja war abfahrbereit, hatte von Henrik die Trinkflaschen übernommen und zur Stärkung gekochte Kartoffeln eingesteckt sowie eine Salbe zur Versorgung meines diesmal doch mehr schmerzenden Knies und Vaseline für die Füße, an denen sich schon Blasen gebildet hatten. Ich war etwa 20 Minuten geblieben, doch die Zeit war wie im Fluge vergangen. Es war heute wie vor zwei Jahren schwierig, wieder loszulaufen. Zu sehr hatte ich diesem Punkt entgegen gefiebert, um ihn nun schon wieder zu verlassen. Doch mich trieb auch die Neugier weiter, was noch auf mich zukommen und ich jetzt gemeinsam mit Anja erleben würde.

Zehlendorf bis Altglienicke

Auf den letzten Kilometern hin zum Verpflegungspunkt meiner Eltern hatte ich eine einfache Rechnung gemacht, die ich Anja auf unseren ersten gemeinsamen Metern präsentierte. Es lagen noch elf Verpflegungspunkte vor uns. Ich musste einfach nur jeden innerhalb einer Stunde erreichen und wäre dann nach 23 ½ Stunden am letzten, der sich vier Kilometer vor dem Ziel befand. Für einige Abschnitte würde ich sicherlich die ganze Stunde benötigen, wenn die Verpflegungspunkte sieben Kilometer auseinander lagen. Aber zwischen anderen Punkten waren es manchmal auch nur knapp fünf Kilometer, so dass ich dort etwas schneller sein müsste und am Ende ausreichend Zeit haben sollte, um das Ziel unter 24 Stunden zu erreichen. Du kennst ja schon meine Zielzeit und weißt, dass es anders kam.

Neben der Tatsache, dass Anja mich nun begleitete, war schön, dass ich auf den eineinhalb Kilometern, die wir in Teltow zu einer Sporthalle hin- und zurücklaufen mussten, besser vorwärts kam als vor zwei Jahren. Damals hatte ich mit diesem Weg sehr gehadert. In der Sporthalle war der letzte Wechselpunkt für die Staffeln und die letzte Möglichkeit für uns Einzelläufer, Sachen zu deponieren. Wahrscheinlich erreichte ich hier deswegen auch meine beste Platzierung. Jeder Verpflegungspunkt war ja auch Zeitmesspunkt, und es gab danach eine detaillierte Streckenauswertung. Ich war zwar etwas schneller gelaufen, als auf den Abschnitten vorher, doch Platz 37 unter den Männern erreichte ich hier vermutlich nur, weil sich die meisten umzogen sowie Warnwesten und Stirnlampen einpackten. Das hatte ich ja bereits bei meinen Eltern gemacht. Nachdem ich in der Gesamtwertung aller Männer immer zwischen Platz 80 und 85 gelegen hatte, befand ich mich nun also auf Platz 78.

Auf den nächsten sechseinhalb Kilometern ernüchterte ich aber schon wieder ein wenig. Zwar blieb meine Platzierung konstant, doch ich benötigte für diesen Abschnitt 1:02 Stunden. Somit hatte ich nach 14:40 Stunden Kilometer 110 in Lichterfelde an der Osdorfer Straße erreicht. Anja und ich beschlossen, unsere Warnwesten überzuziehen. Außerdem setzte ich auch meine Stirnlampe auf.

Die Zeit, in der ich mich besser fühlte, war also schon wieder viel zu schnell abgelaufen. Ich kämpfte mich Meter um Meter voran, versuchte mich zu überlisten und Gehpausen aufzuschieben, in dem ich mir gestattete, ab der nächsten Kurve zu gehen statt zu laufen, um mir dort dann wieder zu sagen, dass ich auch noch die nächste Kurve ansteuern könnte. Klappte das nicht mehr, ließ ich mir von Anja eine Kartoffel oder einen Schluck Cola geben oder ich erlaubte mir eine Pinkelpause.

Vor zwei Jahren erging es mir hier sehr ähnlich. Es spielt zwar heute keine Rolle mehr, denn Anja fuhr ja neben mir. Aber Gedanken daran hat man schließlich doch. Hier nämlich wusste ich damals gegen 22 Uhr und somit nach 15 Stunden Laufzeit und circa 120 Kilometern in den Beinen mit der Stirnlampe um den Kopf zwischen Bäumen und Gebüsch, dass es nie zu einem Treffen kommen würde mit einer Frau, die ich kurz vorher kennengelernt hatte. Diese Frau hatte unsere Verabredung zweimal verschoben, und als wir uns über einen neuen Zeitpunkt verständigen wollten, hatte ich bis auf weiteres abgesagt, um den Kopf für den Lauf frei zu behalten. Davor im Urlaub hatte ich *Karte und Gebiet* von Houellebecq gelesen: „[...] *das Leben bietet einem manchmal eine Chance, sagte er sich, aber wenn man zu feige oder zu unentschlossen ist, um sie zu ergreifen, nimmt es einem den Trumpf wieder aus der Hand. Es gibt einen geeigneten Moment, um Dinge zu tun und sich dem möglichen Glück zu stellen, dabei kann es sich um einen Zeitraum von ein paar Tagen, ein paar Wochen oder sogar ein paar Monaten handeln, aber diese Chance bietet sich nur ein einziges Mal, und wenn man sie später erneut zu ergreifen versucht, ist das schlichtweg unmöglich, es ist kein Raum mehr da für Begeisterung, für Überzeugung, für Glauben, es bleibt nur sanfte Resignation, gegenseitige Betroffenheit und das nutzlose, wenn auch berechtigte Gefühl zurück, dass irgendetwas hätte geschehen können, man sich aber des Geschenks, das einem gemacht worden ist, unwürdig gezeigt hat.“*

Mit Anja aber befinde ich mich nicht in solch einer Dunkelheit, auch wenn sie uns jetzt mehr und mehr umgab. Wir haben viele Pläne, und es ist spannend, was in nächster Zeit passiert.

Erstmal erreichten wir nach knapp weniger als einer Stunde den neunzehnten Verpflegungspunkt in Lichtenrade. Vielleicht kam Anja spätestens hier im Lauf an. Ich habe sie das gar nicht gefragt. Denn als offizielle Fahrradbegleiterin durfte sie sich an den Versorgungspunkten genauso verpflegen wie ich. Mir schien - bei ihr wie bei Henrik -, dass sie sich zuerst nicht so traute, denn die Verpflegung soll ja für die Läufer sein. Doch das Angebot war so überragend, dass man keine Angst haben musste, es bliebe nicht genug für die, die noch nach uns kommen würden. Und neben dem, was vom Veranstalter geboten wurde, hatten einige auch immer wieder privat Besonderes anzubieten. So fragte Anja hier nach einem Kaffee und ich nahm mir ein Stück selbst gemachten Käsekuchen.

Wir waren jetzt noch 20 Kilometer vom zweiundzwanzigsten Verpflegungspunkt in Rudow entfernt. Noch drei Versorgungsstellen lagen dazwischen. Diesen Punkt hatte ich vor zwei Jahren angestrebt, weil wir hier den südöstlichsten Punkt des Kurses erreichten, und ich mir danach erhofft hatte, die Innenstadt und das sich dort befindende Ziel schon ein bisschen zu erahnen. Dieses Mal fieberte ich diesem Punkt entgegen, weil er nicht weit von Anjas Wohnung entfernt liegt.

Natürlich habe ich irgendwann, als ich sie regelmäßig besuchen ging, angefangen, auch dort zu trainieren. Ich war erstaunt gewesen, wie nah auch sie am Mauerweg wohnt. Denn hier kannte ich mich bisher wenig aus. So kam ich auch irgendwann auf die Idee, einmal über den Mauerweg von ihr zu meinen Eltern zu laufen. Gut 35 Kilometer müssten das sein. Doch hauptsächlich aufgrund meiner anderen Wettkämpfe fanden wir an keinem Wochenende Zeit dafür. Im Nachhinein fasziniert mich dieser Abschnitt auch, weil man immer wieder durch absolute Dunkelheit und öfter auch auf unbefestigten Wegen läuft. Ansonsten ist der Mauerweg doch immer asphaltiert, was mich dieses Mal gerade anfangs angestrengt hatte.

Ich erzählte Anja, dass wir irgendwann aus so einem dunklen Stück herauskommen und dann die Häuser Neuköllns sehen würden. Doch zweimal dachte ich schon, dass wir diesen Punkt erreicht hätten, als es doch noch mal ins Dunkle hineinging und zwischen Bäumen und Sträuchern hindurch.

Am zwanzigsten Verpflegungspunkt am Kirchhainer Damm erreichte ich Kilometer 120 nach 16:26 Stunden. Es war der Versorgungspunkt, der Anja am meisten im Gedächtnis haften blieb. Mit unzähligen Teelichtern hatten die Helfer hier für Licht und Atmosphäre gesorgt. Außerdem war alles wieder unglaublich liebevoll hergerichtet, und an der Seitenwand des Zeltes hing ein selbst gemaltes Plakat: Nicht mal mehr ein Marathon. Na, den sollte man doch in siebeneinhalb Stunden schaffen, dachte ich.

Nach dem nächsten Punkt in Buckow ging es dann auf Mitternacht zu. Kurz bevor wir in die Groß-Ziethener Chaussee in Richtung Rudow abbogen, war der 15. August Vergangenheit. Anja und ich blieben stehen und umarmten uns, denn an einem 16. haben wir uns kennengelernt. Keiner von uns beiden hat mit Sicherheit damals gedacht, dass wir mal solch eine Nacht miteinander verbringen. Nun standen wir irgendwo am Rande von Berlin in Warnwesten in der Dunkelheit und hielten uns fest.

Die Nacht jedoch und mein Ringen, sie zu überstehen, begannen jetzt erst richtig. Vom großen Zeh bis zur Hüfte schmerzte alles. Der Moment, in dem ich gehend genauso schnell unterwegs war wie laufend, rückte näher. Ich fluchte, ich schimpfte, und ich weiß nicht, ob ich los geheult hätte, wäre ich alleine unterwegs gewesen. Es ist auch immer eine Enttäuschung, wenn man weiß, dass man sich jetzt nur noch wie ein Häufchen Elend die nächsten Kilometer und Stunden fortbewegen wird. Zudem empfand ich es auch nicht als ausgeschlossen, dass es noch ein

Stück mehr bergab gehen würde. Irgendwo ahnte ich, dass ich, obwohl ich noch ganz gut in meiner Zeit lag, sie noch verlieren würde.

Schon immer einmal wollte ich Dir schreiben, dass ich nach meinem ersten Ironman - also vor gut 20 Jahren - mal bei einer Radiosendung angerufen habe. Ich weiß nicht, was damals in mich gefahren war. Aber das Thema waren Träume, Leben und Tod, und scheinbar beschäftigt mich letzteres doch auch manchmal mehr. Ich brachte den Spruch zum Besten: „Lebe wie, wenn du stirbst, wünschen wirst, gelebt zu haben." Zu dieser Zeit hatte ich immer verschwiegen, was ich im Leben noch vorhabe, habe zum Beispiel nie erzählt, wann ich Marathon laufen will oder ähnliches vorhabe. Lieber habe ich danach erzählt, dass ich es gemacht und geschafft habe. Aber an diesem Tag erzählte ich einem Radiomoderator, dass ich vor kurzem an einem Ironman teilgenommen habe und das wieder machen will, um später mal bei einem Triathlon über die doppelte oder dreifache Ironman Distanz zu starten. Der Moderator war leicht verwirrt, weil er damit nichts anfangen konnte, und später beeindruckt, als ich von den Distanzen erzählt hatte.

Allerdings erwiderte er auch, dass es doch mitunter schwierig sein kann, wenn man sich bei jeder Entscheidung und schon bei jedem kleinen Schritt fragt, ob man das später einmal bereut. So herum hatte ich das nicht betrachtet. Aber nun - eben diese 20 Jahre später - weiß ich, dass ich eigentlich das, was ich immer einmal machen wollte, gemacht habe und - meinetwegen wieder in 20 Jahren - nicht zurückblicken und feststellen muss, dass ich mir einige von meinen Träumen und Wünschen nicht erfüllt habe.

Das Thema, dass ich eines Tages sterben werde, kommt trotzdem immer mal wieder auf. Manchmal macht mir das auch unheimliche Angst. Ich weiß nicht, ob es anderen auch oft so geht. Es ist kein Thema, über das viel gesprochen wird. Aber solche Läufe und Wettkämpfe sowie die Zeit kurz davor und der Rückblick auf sie lassen mich manchmal erschauern. Vor zwei Jahren im Ziel dieses 100-Meilen-Laufes sagte jemand zu mir, dass mich dieses Erlebnis für immer verändern wird. Henrik bekam das mit und lachte darüber ein bisschen. Und wenn ich auch mit den Ultra-Triathlons schon Extremeres erlebt habe, so stimmt es. Auch dieser Lauf lässt mich rückwirkend noch erschauern, und wenn ich dann daran denke, dass ich eines Tages sterben muss, weiß ich aber, ich habe das erlebt. Aber ich möchte so etwas eben auch noch so oft erleben, und dann kommt diese unheimliche Angst auf, dass es eines Tages vorbei ist.

Nach etwa 130 Kilometern zwischen Großziethen und Rudow war meine Erschöpfung, Kraftlosigkeit und Müdigkeit mit am Größten. Ich weiß nicht mehr genau, wie wir darauf kamen. Aber plötzlich sprachen Anja und ich darüber, dass wir einfach zu ihr fahren bzw. laufen und uns dort ins Bett legen könnten. In einer halben Stunde wären wir dort gewesen, ich wäre 135 Kilometer in 18 Stunden gelaufen und hätte eine Leistung vollbracht, auf die ich hätte stolz sein können. Wen interessierte es, ob ich ins Ziel kam? Wer würde diese Leistung nicht honorieren und denken, dass ich versagt hatte?

Aber erstmal erreichten wir um 0:35 Uhr den Verpflegungspunkt in Rudow nach 131 Kilometern. Wie vor zwei
Jahren setzte ich mich hier und dehnte den Stopp etwas
aus. Auch wenn bei solchen Wettkämpfen meine Füße und
Beine oft sehr geschmerzt haben, ich habe es immer
vermieden, mich wirklich darum zu kümmern. Die Angst,
die Schmerzen würden noch größer sein, wenn ich die
Schuhe und Strümpfe auszog, übertraf das Gefühl, dass
mir das wirklich helfen könnte. Aber dieses Mal hatte ich
Anja extra gebeten, die Salben einzustecken. Jetzt wollte
ich sie auch nutzen, denn schlimmer konnte es ja auch
nicht werden. Darüber kam ich mit einem Läufer, der im
Stuhl neben mir saß, ins Gespräch. Er war der gleichen
Meinung wie ich in den letzten Jahren. Aber kurz bevor er
wieder los laufen wollte, ließ er sich von Anja auch noch
eine Salbe geben.

Ich setzte meinen Weg kurz nach ihm fort, und bald
sahen wir ihn schon wieder vor uns. Als ich ihn überholte,
unterhielt sich Anja kurz mit ihm.

Danach hatten wir dann die am nächsten zu ihrer Wohnung gelegene Stelle im Blick. Wir bogen nicht ab, wir
blieben auf der Strecke. Den Mut, den Lauf wirklich
aufzugeben, hatte ich nicht. Außerdem blieben mir für
weniger als 30 Kilometer noch mehr als zehn Stunden Zeit.
Da kann man noch so kraftlos und müde sein, mit der
Erfahrung weiß man, dass man sich irgendwie ins Ziel
schleppen wird.

Vor der Autobahn, die in Richtung Schönefeld und weiter nach Dresden führt, folgte ein Abzweig nach links, und
wir waren wieder auf dem offiziellen Mauerweg. Damit
die Strecke wirklich 100 Meilen misst, wird hier im Südos-

ten etwas abgekürzt. So fehlt ein Stück, das ich von Anja aus oft gelaufen bin. Aber in die Richtung, in der es jetzt weiter ging, war ich von ihr aus auch oft gelaufen. Damit war ich also zum dritten Mal auf einem Abschnitt unterwegs, den ich als meine Trainingsstrecke bezeichnen kann. Mittels einer Brücke überquerten wir den Teltowkanal und erreichten auf der anderen Seite das Ernst-Ruska-Ufer. Dann biegt der Weg nach rechts ab, auf die unter Berlinern so genannte Osttangente. Es ist der Abschnitt, der mir vor zwei Jahren gänzlich unbekannt war, und den ich nun im letzten Dreivierteljahr laufend und auch Rad fahrend gut kennengelernt habe.

Aber kurz nachdem ich auf diesen Weg eingebogen war, stoppte mich Anja. Ich war so fixiert gewesen, auf die Osttangente einzubiegen und hatte mich so auf diesen Punkt gefreut, weil ich im Training oft an diesen Moment gedacht hatte, dass ich nicht sah, dass sie hier mit Kreide auf einer Säule geschrieben hatte: „S. Du schaffst das." Mir fehlten die Worte. Wir blieben stehen und umarmten uns.

Altglienicke bis Prenzlauer Berg

Etwa sechs Kilometer lang führt dieser Weg zwischen Teltowkanal und Autobahn in Richtung Innenstadt. Ich fühlte mich ähnlich jämmerlich wie vor zwei Jahren, doch ich wollte es vor allem vor mir selbst nicht zugeben. Wegen unseres kurzen Halts, war „unser Freund" wieder an uns vorbei gelaufen, aber dann überholte ich ihn erneut und auch noch einen weiteren Läufer. Siehe da, es gibt welche, denen geht es noch beschissener als Dir, dachte ich und schöpfte daraus etwas Hoffnung.

Da ich den Weg nun bestens kannte, wusste ich, hinter einer leichten Rechtskurve würden wir eine Brücke an der Stubenrauchstraße unterqueren und ein Stück dahinter eine Brücke an der Johannisthaler Chaussee. Hier war dann auch der nächste Versorgungspunkt. Es war nun 1:40 Uhr, und ich hatte für die letzten sechs Kilometer 1:06 Stunden gebraucht. Noch hatte ich Hoffnung und auch den Glauben, dass ich unter 24 Stunden bleiben würde, doch klar war, dass ich mehr Motivation daraus schöpfen musste, dass nur noch 25 Kilometer vor mir lagen.

Am Versorgungspunkt hatte unser Freund uns wieder eingeholt, und kurz nachdem wir wieder losgelaufen waren, fuhr Anja ein paar Minuten neben ihm her, während ich mich maximal 50 Meter vor ihnen vorwärts schleppte. Ich glaube, dass Anja hier auch den Unterschied zu anderen Wettkämpfen spürte.

In Hannover hatte sie mich zum ersten Mal bei einem Ironman begleitet. Selbstverständlich waren wir etwas aufgeregt; sie wegen eines circa zwölf Stunden andauernden Wettkampfes, nachdem sie vorher ja nur bei Marathons über vier Stunden dabei gewesen war und ich wegen des Starts auf einer neuen Strecke, nachdem ich jahrelang immer bei den gleichen Wettkämpfen an den Start gegangen war. Ich kam dann einigermaßen problemlos nach gut eineinhalb Stunden aus dem Wasser, fuhr die sechs Runden à 30 Kilometer konstant in jeweils etwas mehr als einer Stunde und begann nach 8:03 Stunden mit dem Marathon. Dort folgten die üblichen Probleme zwischen Kilometer 10 und 30, aber am Ende konnte ich mich auch wieder genügend motivieren, um unter 13 Stunden zu finishen. Von 35 Teilnehmern wurde ich 27, und Anja hatte auch wegen der parallel stattfindenden Halbdistanz wenige Athleten ausgemacht, mit denen ich die meiste Zeit zusammen unterwegs gewesen war.

Ähnlich verhielt es sich in Moritzburg. Nur sechs Tage nach dem Ironman in Hannover war ich dort am Start. Es war meine zehnte Teilnahme auf der Langdistanz in Moritzburg, und ich kam auch zum zehnten Mal ins Ziel. Das war die Motivation gewesen. Kleineren Veranstaltungen und ihren Organisatoren habe ich mich manchmal gegenüber verpflichtet gefühlt, damit diese Jahr für Jahr weiter bestehen. In Moritzburg waren bei meinen ersten Starts nicht mal 30 Teilnehmer im Ziel. Mittlerweile hat die Veranstaltung aber solch eine Größe erreicht, dass ich zumindest im nächsten Jahr mit bestem Gewissen mal woanders starten kann.

Ich fuhr dorthin alleine und ging morgens zum ersten Mal auch alleine zum Start. Es war schön, einen Bekannten zu treffen, mit dem ich bis dahin nur Briefkontakt hatte, und einen anderen, der im letzten Jahr auch in Lensahn am Start war. So denkt man zwischendurch immer mal an die, die sich auch gerade irgendwo auf der Strecke befinden. Das Schwimmen lief dann ähnlich wie in Hannover. Auf dem Rad war ich etwas schneller, aber die Runde maß auch nur etwa 28,5 km. Ab der dritten Runde waren dann Anja und ihre Tochter dabei. Das gab noch mal einen Schub Motivation, und ich ging mit fast einer halben Stunde Vorsprung gegenüber Hannover auf die Marathonstrecke. Der einsetzende Regen war natürlich nicht schön für Anja und ihre Tochter, doch ich laufe bei solchem Wetter immer am liebsten und auch am besten. Es wurde im neunzehnten Ironman die drittbeste Marathonzeit, und im Ziel war ich nach 12:17 Stunden. Leider kann ich es nicht als Bestzeit verbuchen, obwohl ich sieben Minuten darunter lag. Aber für die acht Kilometer, die die Radstrecke zu kurz war, muss man eben noch mal eine Viertelstunde draufschlagen.

Wieder war Anja der eine oder andere Teilnehmer mal aufgefallen, doch es blieben wieder nur Gesichter und Startnummern. So war es dann auch vor gut zwei Wochen in Glücksburg beim Ostseeman. Nachdem ich nach 12:48 Stunden im Ziel war, konnten sie und ihre Tochter mir wieder von einigen erzählen, die sie stets im Abstand von ein paar Minuten zu mir gesehen hatten. Doch etwas mehr erfährt man eben nur bei einem Wettkampf wie einem Double- oder Triple-Ultra-Triathlon oder diesem 100-Meilen-Lauf.

Ich freute mich also, dass Anja dieses Miteinander teilte. Ansonsten aber fühlte ich mich müde und kraftlos und verfluchte diesen dunklen elenden Asphaltstreifen neben dem Teltowkanal wieder, obwohl ich ihn doch lieben wollte. Seit gestern haben wir übrigens auch schon ein paar Mal die Ergebnisliste studiert und nach Läufern und Läuferinnen geguckt, die lange in unserer Nähe waren. Unser Freund blieb dann bis zum übernächsten Verpflegungspunkt an der East Side Gallery immer knapp hinter uns und erreichte das Ziel schließlich eine gute halbe Stunde nach mir.

Ich hatte mir als nächstes Zwischenziel gesetzt, den Abzweig vom Teltowkanal in Richtung Treptow nach 20 Stunden zu erreichen. Ich scheiterte gnadenlos. Seit dem letzten Verpflegungspunkt hatte ich wacker durchgehalten, nicht auf die Uhr zu schauen. Die Zeit vergeht ja ohnehin. Aber als ich dann sah, dass ich eine Viertelstunde später dran war als erhofft, war es so weit. Der Zeitpunkt, an dem man in sich hineinkriecht, war gekommen. In diesen Momenten bist du nur noch eine Hülle Deiner selbst, und innen ist nur noch Leere und Mutlosigkeit. Neben der Tatsache, dass ich zwischen diesen Verpflegungspunkten zehn Minuten über meiner anvisierten Stunde blieb, kam noch hinzu, dass ich wusste, dass ich mich am nächsten Versorgungspunkt am Dammweg setzen musste.

Nach dem Abzweig vom Teltowkanal liefen wir noch einen Kilometer am Britzer Verbindungskanal entlang. Hier ging es an der Stelle vorbei, an der Chris Gueffroy umgebracht wurde - das letzte Maueropfer-, und dann treppauf in Richtung Sonnenallee weiter. Der Weg in die Innenstadt beginnt also mit einer Treppe. Ein bisschen motivierten mich der Gedanke, dass wir gleich nach Kreuzberg kamen und die Erinnerung daran, wie es vor zwei Jahren war, dort entlang zu laufen. Ich freute mich so sehr, dass mit Anja zu erleben.

Dann kam kurz hinter der Sonnenallee also der vierundzwanzigste Verpflegungspunkt am Dammweg. Ich hegte die Hoffnung, dass ich mich durch das Hinsetzen soweit erholen könnte, dass anschließend wieder anständiges Laufen möglich wäre. Ich gab mir fünf Minuten Zeit. Fünf Minuten hat man schnell wieder aufgeholt, wenn man sich danach besser fühlt.

Es klappte nicht. Es half nur, dass wir nun in der Nähe des Badeschiffs tatsächlich die Innenstadt erreichten. Plötzlich tauchten immer mehr junge Menschen auf, meist nicht nüchtern, und einige, die die Grünflächen, durch die wir liefen, nutzten, um sich zu erleichtern. Ich wollte gerne einen ordentlichen, aufrechten Eindruck machen. Doch es funktionierte wohl nicht, obwohl ich anschließend doch manchmal Applaus von Kneipengästen in der Schlesischen Straße erhielt.

Ich schüttelte den Kopf. Es ist aberwitzig, nach 21 Stunden Laufzeit und 146 Kilometern nachts um drei Uhr durch so eine Partygegend zu laufen. Zwischen den Feiernden mussten Anja und ich auch immer zusehen, dass wir beisammen blieben, und sie musste vor allem darauf achten, den zahlreichen Scherben der zerschmetterten Flaschen auszuweichen. Doch ist es auch der Moment, für den sich dieser Lauf lohnt und der, den man als Ultraläufer einmal erlebt haben muss.

Höhepunkt war dann das Überqueren der Oberbaumbrücke zwischen Kreuzberg und Friedrichshain. Ein unvergleichlicher Slalomlauf. Zwei Welten treffen aufeinander. Nicht immer war ich mir sicher, dass uns die

Partymeute Platz machte. Doch alles ging gut. Vor allem auch öffnete sich eine kleine Gasse vor einem Straßenmusikanten, der gerade *Wonderwall* von Oasis zum Besten gab und vor dem circa 20 Jugendliche standen und mitgrölten. Kopfschüttelnd und Anja anlächelnd kam ich zur nächsten Kreuzung, an der wir Richtung East Side Gallery abbogen. Hier zog sich der Weg aber auch wieder wesentlich länger, als ich es erhofft hatte. Um kurz nach vier Uhr erreichte ich schließlich den drittletzten Versorgungspunkt nach knapp 149 Kilometern.

Langsam setzte nun aber doch endlich die Euphorie ein, dem Ziel nahe zu sein. Außerdem hatte ich für etwa 12,5 Kilometer noch fast zwei Stunden Zeit. Das musste doch klappen. Da ich wieder mal nach nur kurzem Aufenthalt vom Verpflegungspunkt los lief, vergaß ich meine kleine Trinkflasche, die ich seit 22 Stunden mit mir getragen hatte. Doch Anja hatte noch genügend Wasser dabei, stellten wir dann fest.

Im Zickzack ging es anschließend an der Grenze zwischen Kreuzberg und Mitte dem Checkpoint Charlie entgegen. Die Morgendämmerung war schon etwas zu erahnen, und ich musste mich weiter beeilen, denn ich wollte doch vor Tagesanbruch im Ziel sein. Durch die Zimmerstraße lief ich auf den Checkpoint Charlie zu und erreichte noch mal einen ganz besonderen Versorgungspunkt. Er wurde vom Verein „Danke Deutschland" geführt. Zwei Asiaten geleiteten mich über die Friedrichstraße, und weitere Asiaten versuchten, mich mit ihrem Angebot zu erfreuen. Leider begrüßten sie mich aber auch schon mit einem „Guten Morgen". Für sie sicherlich ein Höhepunkt, dass die Nacht langsam überstanden war; für mich ein kleiner Tiefschlag, dass ich nicht in der Nacht ins Ziel gekommen war. Ich begnügte mich mit etwas Obst und einem Schluck Cola. Dann ging es weiter. Aber ich hatte für die 4,2 Kilometer seit der Versorgung an der East Side Gallery 44 Minuten gebraucht. Nun gab ich endlich und endgültig auf. Diesen 100-Meilen-Lauf würde ich nicht in weniger als 24 Stunden beenden.

Ernüchtert machte ich mich auf den Weg, die letzten acht Kilometer zurückzulegen. Wir bogen in die Wilhelmstraße ab, überquerten die Leipziger Straße und waren in Richtung Brandenburger Tor und Reichstag unterwegs. Die Gegend war menschenleer, bis auf wenige Ausnahmen wie zwei Frauen und ein Mann, die sich untereinander verhakt hatten, weil sie ähnlich wie ich torkelten. Kurz vor dem Brandenburger Tor, dann noch ein paar Polizisten, die hier die verschiedenen Botschaften bewachten und vielleicht etwas über uns Läufer erfreut waren, weil es Abwechslung in ihr dröges Herumstehen brachte. Leider liefen wir nicht unmittelbar am Brandenburger Tor vorbei, sondern weiter die etwa 100 Meter entfernte Wilhelmstraße entlang. Dann aber folgte für mich einer der Höhepunkte - und das ist das Schöne an solch einem Lauf, nämlich dass so etwas immer überraschend passiert. Um etwa Viertel nach fünf lief ich auf der Wiese über Steinplatten vor dem Reichstag entlang. Eine Mutter stand mit ihrem Sohn am Zaun, der Besucher vom Gebäude fern hält, ansonsten eine menschenleere Szenerie.

Danach überquerten wir hinter dem Hauptbahnhof die Invalidenstraße und bogen auf einen Pflasterweg ein, der bei mir noch mal unglaubliche Schmerzen in den Füßen und Beinen verursachte. Weiter liefen wir am Schifffahrts-kanal entlang, bis wir zum Invalidenfriedhof kamen. Was ist dazu zu sagen, dass man nach 156 Kilometern über einen Friedhof läuft?

Dahinter erreichten wir schließlich den letzten Verpfle-gungspunkt an der Gedenkstätte für Günter Litfin in der Kieler Straße. Ich verließ diesen Punkt um 5:36 Uhr und befand mich nun auf den letzten 4,9 Kilometern. Über die Chaussee- und die Liesenstraße kamen wir dann in die Gartenstraße in die Nähe des Nordbahnhofs und bogen letztendlich in die Bernauer Straße auf die Zielgerade ab.

Während der Vorbereitung auf den Triple-Ultra-Triathlon in Lensahn im vergangenen Jahr ahnte ich zum ersten Mal, dass ich bald etwas ändern muss. Oft schrieb ich Dir in den letzten nunmehr 22 Jahren, dass ich beim Ironman weiß, dass die Begehung des Weges und das Erreichen des Zieles mich weiter tragen werden und ich ansonsten nicht viel kenne, wofür sich das Gehen eines Weges so sehr lohnt. Aber einmal schrieb ich Dir auch, dass man mit 70 ein Haus und einen Garten haben sollte, und da sitzt man dann und hat seine Enkel auf dem Schoß. Irgendwann muss man schließlich auch als Läufer in Rente gehen.

Zeiten ändern sich. Beziehungsweise ändern wir Men-schen uns. Wir können uns aber auch nur dann ändern, wenn wir aus unseren Erfahrungen lernen. Die gleichen Dinge kann man immer wieder tun, doch man sollte auch erkennen, wenn es Zeit für etwas Neues ist.

Ich schaffe solche Läufe locker in der vorgegebenen Zeit, auch wenn mein Finish im letzten Jahr in Lensahn nicht ganz so locker war. Aber manchmal ist mein Anspruch doch größer. Wenn der Sieger bei diesem 100-Meilen-Lauf im Durchschnitt so schnell läuft wie ich bei meinen besten Marathons, ist das ja ein Tempo, dass auch für mich nicht übermäßig schnell ist. Insofern wächst mein Anspruch, auch in den Ultrabereichen nicht nur ums An- und Durchkommen zu kämpfen, sondern dieses auch aufrecht zu vollbringen.

Ich schreibe Dir das, weil Anja und eine Freundin von ihr mich im Winter auf eine Idee brachten. Aber ich will mich erstmal noch etwas mehr mit dieser Idee auseinandersetzen und schreibe Dir dann später davon.

Doch es ist auch ein bisschen egal, wie ich mich entscheide. Vielleicht schreibe ich Dir nächstes Jahr auch, nachdem ich wieder in Lensahn am Start war. Im Moment ist es ein großartiges Gefühl zu wissen - und nun zitiere ich Seligs Magma zum wiederholten Male -, dass Anja mich meine „Wege, die ich gehen muss" gehen lässt. Sicher ist aber, so wie ich geschrieben habe, dass ich solche Läufe noch öfter erleben möchte. Denn sie sind ein unvergleichliches Erlebnis. Aber es mag gut sein, auch mal ein paar Jahre auf sie zu verzichten.

Mit diesem Wissen kämpfte ich mich die letzten zwei Kilometer die Bernauer Straße hinauf. Vor dem Abzweig in den Jahn-Sportpark passierten wir den Eingang zum Mauerpark, wo jeden Sonntag ein Flohmarkt stattfindet. Eine Menge Menschen waren deshalb hier schon um kurz nach sechs Uhr unterwegs, und wir ernteten zum letzten Mal verwunderte Blicke.

Nach dem Checkpoint Charlie hatte ich übrigens auf Platz 100 gelegen. Als wir am Hauptbahnhof entlang liefen, sahen wir einen Läufer auf einer Bank sich ausruhen und seinen Begleiter daneben sitzen. Davor und danach hatte ich keine Läufer mehr gesehen, bis ich auf den letzten 500 Metern auf einmal wieder drei vor mir im Blick hatte. Bevor ich sie einholen konnte, verabschiedeten Anja und ich uns für einen kurzen Augenblick. Sie wollte vorfahren, ihr Fahrrad anschließen und dann rechtzeitig an der Ziellinie stehen. Ich sah ihr hinterher, als sie davon fuhr und kann meine Dankbarkeit für diese treue Begleitung nicht in Worte fassen.

Dann überholte ich die ersten beiden Läufer und nach dem Abzweig in den Jahn-Sportpark noch den dritten. So kam ich unter den Männern am Ende auf Platz 96 und insgesamt von 212 Finishern auf Platz 109.

Wie schön war der Anblick meines kleinen Laufstadions! Zu dieser frühen Morgenstunde habe ich es noch nie gesehen. Ich durchquerte das grüne Eingangstor und lief auf der Laufbahn in der richtigen Richtung die letzten 200 Meter. Der Ansager begrüßte mich, und neben drei Helfern im Zielbereich waren nur Läufer oder ihre Begleiter da. Ich überquerte den Zielstrich nach 24:23 Stunden. Ich fiel Anja in die Arme und sagte, ich mache so etwas nie wieder. Wir werden sehen.

Dein S.

Über den Autor

Sebastian Thiel lief 1989 mit 14 Jahren seinen ersten Marathon. Drei Jahre später nahm er zum ersten Mal an einem Triathlon teil und absolvierte seinen ersten Ultralauf. Mit 18 Jahren war er in der Welt der Extremsportler angekommen, lief Jahr für Jahr Marathons und absolvierte Ironman-Triathlons. Bis heute (September 2021) ist er 123 Mal mindestens die klassische Marathondistanz innerhalb eines Wettkampfes gelaufen. Zu seinen größten Erfolgen gehören die Teilnahmen an Double- und Triple-Ultra- Triathlons.

Lorenz Paul

Anders

„Erinnerung kommt ja immer mit. Erinnerung bleibt
nicht in der Vergangenheit. Sie bleibt nicht dort, wo sie
hingehört. Und wenn man sie irgendwann wieder vor
Augen hat, ist man über ihre Wirklichkeit erstaunt."

Lorenz Paul *Anders* im Buchhandel erhältlich.
ISBN 9783753424965